REZEPTÜBERSICHT

SAUCE PARMAROSA

2-3 Portionen ×2
Pro Portion bei 3:
492 kcal | 69 g KH
17 g EW | 16 g Fett

ZUTATEN

250 g	Nudeln nach Wahl

FÜR DIE SOSSE

30 g	Parmesan, in Stücken
25 g	getrocknete Tomaten, ohne Öl (Softtomaten)
1	Knoblauchzehe
30 g	rote Zwiebel
1 EL	Öl
250 g	Wasser, lauwarm
25 g	Blauschimmelkäse, in kleinen Stücken
20 g	Tomatenmark
50 g	passierte Tomaten
½ TL	Oregano, getr.
½ TL	Basilikum, getr.
½ TL	Thymian, getr.
½ TL	Majoran, getr.
¼ TL	Rosmarin, gem.
½ TL	Salz
1 TL	Zucker
40 g	Sahne

ZUBEREITUNG

1. Nudeln nach Packungsanweisung in reichlich Salzwasser garen. In der Zwischenzeit die Soße zubereiten.

2. Parmesan im Mixtopf **10 Sek./Stufe 10** reiben. Umfüllen. Getrocknete Tomaten **12 Sek./Stufe 10** zerkleinern. Knoblauch und Zwiebel zugeben und **5 Sek./Stufe 5** zerkleinern. Mit dem Spatel nach unten schieben. Öl zugeben und **3 Min./120°C/Stufe 1** dünsten.

3. Wasser, Blauschimmelkäse, Parmesan, sowie restliche Zutaten für die Soße (außer Sahne) zugeben und **5 Min./90°C/Stufe 3** erhitzen. Sahne zugeben und **20 Sek./Stufe 8** pürieren. Soße zur Pasta servieren.

HINWEIS: Der Blauschimmelkäse macht den besonderen Geschmack dieser Soße. Wer dennoch eine Alternative verwenden möchte, nimmt Gorgonzola oder Camembert.

SAUCE QUATTRO FORMAGGI

ZUTATEN

750 g	frische Tortellini, aus dem Kühlregal (altern. 500 g Spaghetti o. Rigatoni)
etwas	Petersilie

FÜR DIE SOSSE

90 g	Pecorino (altern. Parmesan)
90 g	Greyerzer
90 g	Appenzeller, mild
75 g	Butter
100 g	Milch, 1,5%
1 TL	ital. Kräuter, getr.
¼ TL	weißer Pfeffer, gem.
70 g	Gorgonzola
250 g	Kochsahne, fettreduziert
1 geh. EL	Speisestärke mit
1 EL	Wasser gemischt

4-5 Portionen
Pro Portion bei 5:
742 kcal 52 g KH
31 g EW | 45 g Fett

ZUBEREITUNG

1. Tortellini bzw. Nudeln nach Packungsanweisung zubereiten. In der Zwischenzeit die Soße zubereiten.

2. Pecorino, Greyerzer und Appenzeller in Stücken in den Mixtopf geben und **12 Sek./Stufe 7** zerkleinern. Umfüllen. Butter mit Milch, ital. Kräutern und Pfeffer im Mixtopf **3 Min./50°C/Stufe 2** schmelzen. Gorgonzola und Kochsahne zugeben und **3 Min./70°C/Stufe 2** erhitzen.

3. Geriebenen Käse zugeben und **2 Min./90°C/Stufe 3** erhitzen. Dabei in der letzten Minute das Speisestärkegemisch durch die Deckelöffnung hineinlaufen lassen. Soße sofort mit den abgesiebten Nudeln vermischen und kurz ziehen lassen. Mit frisch gehackter Petersilie bestreut servieren.

HINWEIS: Die Soße ist durch den Käse sehr würzig und benötigt kein weiteres Salz!

TOMATEN-PAPRIKA-PASTA

4 Portionen

x2

Pro Portion: 547 kcal
67 g KH | 17 g EW
21 g Fett

ZUTATEN

300 g Vollkornnudeln
500 g rote Paprika
250 g Tomaten
40 g Gouda
etwas Öl zum Anbraten

FÜR DIE SOSSE

1 kl. Zwiebel, halbiert
1 Knoblauchzehe
1 EL Öl
350 g Wasser, lauwarm
60 g Tomatenmark
50 g Schmelzkäse
50 g Kochsahne, fettreduziert
1 TL Gemüsebrühpulver
1 TL Salz
¼ TL weißer Pfeffer, gem.
½ TL Paprikapulver, rosenscharf
½ TL Paprikapulver, edelsüß
1 EL Speisestärke, leicht geh.
1 TL ital. Kräuter, getr.
40 g Doppelrahmfrischkäse

ZUBEREITUNG

1. Nudeln in reichlich Salzwasser nach Packungsanweisung garen. Paprika und Tomaten klein würfeln und beiseitestellen. Gouda in Stücken in den Mixtopf geben und **5 Sek./Stufe 7** zerkleinern. Umfüllen.

2. Zwiebel und Knoblauch im Mixtopf **5 Sek./Stufe 5** zerkleinern. Mit dem Spatel nach unten schieben. Öl zugeben und **2 Min./120°C/Stufe 1** dünsten.

3. Restliche Zutaten für die Soße (außer Frischkäse) zugeben und **5 Min./90°C/Stufe 3** erhitzen. In der Zwischenzeit Paprikawürfel in einer Pfanne mit etwas Öl anbraten und kurz darauf Tomatenwürfel zugeben.

4. Zum Schluss den Frischkäse mit in den Mixtopf geben und **10 Sek./Stufe 5** mixen. Abgesiebte Nudeln und Soße aus dem Mixtopf mit in die Pfanne geben und vermengen. Kurz durchziehen lassen. Auf Teller anrichten und mit geriebenem Käse bestreut servieren.

GEMÜSE-TAGLIATELLE
MIT PINIENKERNEN

4 Portionen ×2
Pro Portion: 440 kcal
45 g KH | 12 g EW
23 g Fett

ZUTATEN

400 g	frische Tagliatelle, aus dem Kühlregal*
50 g	Pinienkerne
250 g	Zucchini
175 g	Cocktailtomaten
etwas	Öl zum Anbraten

FÜR DIE SOSSE

2	Schalotten
1	Knoblauchzehe
1 TL	Röstzwiebeln
1 EL	Olivenöl
200 g	Wasser, lauwarm
40 g	Tomatenmark
100 g	Mascarpone
1 EL	Speisestärke
1 TL	Gemüsebrühpulver
¼ TL	Cayennepfeffer, gem.
¼ TL	Pfeffer, gem.
1 TL	Salz
1 TL	Thymian, getr.
1 TL	Basilikum, getr.
1 TL	Oregano, getr.

ZUBEREITUNG

1. Pinienkerne in einer Pfanne ohne Öl rösten und umfüllen.

2. Schalotten, Knoblauch und Röstzwiebeln im Mixtopf **5 Sek./Stufe 5** zerkleinern. Mit dem Spatel nach unten schieben. Olivenöl zugeben und **2 Min./120°C/Stufe 1** dünsten. Restliche Zutaten für die Soße zugeben und **5 Min./90°C/Stufe 3** erhitzen.

3. Zucchini der Länge nach halbieren und in Scheiben schneiden. Cocktailtomaten halbieren. Zucchini in einer Pfanne mit etwas Öl anbraten. Nudeln, halbierte Cocktailtomaten und Pinienkerne zugeben. Soße aus dem Mixtopf darüber geben und alles gut vermengen. Ca. 3-5 Min. bei mittlerer Hitze ziehen lassen und servieren.

* alternativ frisch gekochte Pasta

BISTRO-BAGUETTE
CHAMPIGNON

6 Stück
Pro Portion: 237 kcal
22 g KH | 33 g EW
13 g Fett

ZUTATEN

1	gr. Stangenbaguette
3-4	Champignons (100 g)
2	Tomaten
80 g	Emmentaler

FÜR DIE CREME

2	Knoblauchzehen
½	rote Zwiebel
1 Handvoll Petersilie	
150 g	Crème fraîche
100 g	Naturjoghurt, 3,5 %
1 TL	Zitronensaft
½ TL	Salz
¼ TL	Pfeffer, gem.
½ TL	Gemüsebrühpulver

ZUBEREITUNG

1. Backofen auf 180°C Umluft vorheizen. Baguette dritteln und längs halbieren, sodass man 6 Hälften erhält. Baguettehälften auf ein mit Backpapier belegtes Backblech setzen. Champignons in Scheiben schneiden. Von den Tomaten die Kerne entfernen und das Fruchtfleisch in kleine Würfelchen schneiden. Emmentaler in Stücken in den Mixtopf geben und **15 Sek./Stufe 5** reiben. Umfüllen.

2. Für die Creme Knoblauch, Zwiebel und Petersilie im Mixtopf **5 Sek./Stufe 5** zerkleinern. Mit dem Spatel nach unten schieben. Restliche Zutaten für die Creme zugeben und **20 Sek./Stufe 3** vermengen.

3. Creme auf den Baguettes verteilen und mit Champignonscheiben und Tomatenwürfeln belegen. Mit geriebenem Käse bestreuen und im vorgeheizten Backofen ca. 10-15 Min. backen.

HINWEIS: Nicht zu lange backen, sonst werden die Baguettes trocken! Der Käse sollte zwar zerlaufen, aber nicht braun werden!

RUSTIKALI MIT GERÄUCHERTEM KÄSE

FÜR DEN TEIG

120 g	Wasser
1 TL	Salz
1 P.	flüssiger Sauerteig (75 g, z.B. Seitenbacher)
100 g	Roggenmehl, Type 1150
140 g	Dinkelmehl, Type 630
1 TL	Backpulver
10 g	Öl

FÜR DIE CREME

75 g	geräucherter Mozzarella*
15 g	Parmesan
3	Frühlingszwiebeln
250 g	Ricotta
1 Msp.	Paprikapulver, rosenscharf
¼ TL	Pfeffer, gem.
1 TL	Salz

3 Stück
Pro Portion: 576 kcal
71 g KH | 22 g EW
22 g Fett

geräucherten Mozzarella finden Sie in der Regel an der Käsetheke im Supermarkt

ZUBEREITUNG

1. Backofen auf 200°C Ober-/Unterhitze vorheizen.
Alle Teigzutaten in den Mixtopf geben und **1 Min./Teigstufe** kneten. Teig in 3 Portionen teilen und auf etwas Mehl zu länglichen Fladen ausrollen. Auf ein mit Backpapier belegtes Backblech setzen. Mit einer Gabel den Teig mehrmals einstechen. Mixtopf ggf. spülen.

2. Geräucherten Mozzarella und Parmesan in Stücken in den Mixtopf geben und **7 Sek./Stufe 7** reiben. Umfüllen. Thermomix auf **Stufe 8** laufen lassen, dabei die Frühlingszwiebeln im Ganzen durch die Deckelöffnung fallen lassen. Sobald diese zerkleinert sind, Thermomix stoppen. Ricotta und Gewürze zugeben und **10 Sek./Stufe 3** verrühren.

3. Creme auf die Teigfladen streichen und mit geriebenem Käse bestreuen. Im vorgeheizten Backofen ca. 18-20 Min. backen.

TIPP: Wenn es mal schnell gehen soll, können Sie anstelle des Teiges einfach eine Scheibe Bauernbrot verwenden. Diese mit Creme und Käse belegen und ca. 10-12 Min. backen.

MEDITERRANE GEMÜSEBAGUETTES

ZUTATEN

1	Stangenbaguette (250 g)
1 Kugel	Mozzarella (125 g)
½	Zwiebel (40 g)
1	Knoblauchzehe
1	kl. Zucchini
2	Paprikaschoten (rot u. gelb)
20 g	Öl
50 g	Tomatenmark
1 TL	ital. Kräuter, getr.
½ TL	Zucker
1 TL	Balsamicoessig, dunkel
½ TL	Salz
¼ TL	Pfeffer, gem.
½ TL	Rosmarin, gem.
1 TL	Gemüsebrühpulver
100 g	passierte Tomaten

6 Stück
Pro Portion: 244 kcal
32 g KH | 9 g EW
8 g Fett

ZUBEREITUNG

1. Backofen auf 200°C Ober-/Unterhitze (180°C Umluft) vorheizen. Baguette dritteln und längs halbieren, sodass man 6 Hälften erhält. Das Innere etwas aushöhlen. Baguettehälften auf ein mit Backpapier belegtes Backblech setzen. Mozzarella halbieren und in Scheiben schneiden.

2. Zwiebel und Knoblauch im Mixtopf **5 Sek./Stufe 5** zerkleinern. Zucchini und Paprika in kleine Würfel schneiden und mit dem Öl zugeben. Das Ganze **7 Min./120°C/ /Stufe 1** dünsten. Restliche Zutaten (außer Mozzarella) zugeben und **3 Sek./ /Stufe 3** vermengen.

3. Gemüsemasse auf den Baguettehälften verteilen, mit Mozzarella belegen und im vorgeheizten Backofen ca. 10-15 Min. überbacken.

HINWEIS: Nicht zu lange backen, sonst werden die Baguettes trocken! Der Käse sollte zwar zerlaufen, aber nicht braun werden!

PAPRIKA-COUSCOUS-PFANNE

3 Portionen
Pro Portion: 321 kcal
48 g KH | 10 g EW
8 g Fett

ZUTATEN

750 g	Wasser, lauwarm
1 EL	Gemüsebrühpulver
1	gelbe o. orange Paprika
1	rote Paprika
1	kl. Zucchini
150 g	Couscous

FÜR DIE SOSSE

1	Knoblauchzehe
2	Schalotten
1 EL	Öl
100 g	Garflüssigkeit
25 g	Paprikamark
25 g	Tomatenmark
1 TL	ital. Kräuter, getr.
¼ TL	Currypulver
¼ TL	Pfeffer, gem.
½ TL	Salz

1 Spritzer Zitronensaft

ZUBEREITUNG

1. Wasser und Gemüsebrühpulver in den Mixtopf geben und **6 Min./100°C/Stufe 1** aufkochen. In der Zwischenzeit Paprika und Zucchini in Würfel schneiden und in den Varoma geben. Couscous in eine kleine Schüssel einwiegen.

2. Nachdem das Wasser im Mixtopf kocht, 250 g davon über den Couscous gießen und mit Alufolie oder einem Teller abdecken. Zum Abwiegen der Flüssigkeit Waage auf Null stellen und so viel Garflüssigkeit herausgießen bis -250 g angezeigt wird. Mixtopfdeckel wieder auflegen, Varoma mit Gemüse aufsetzen und das Ganze **15 Min./Varoma/Stufe 1** garen.

3. Nach Garzeitende Varoma beiseite stellen, Mixtopf leeren und Garflüssigkeit auffangen. Für die Soße Knoblauch und Schalotten **5 Sek./Stufe 5** zerkleinern. Mit dem Spatel nach unten schieben. Öl zugeben und **2 Min./120°C/Stufe 1** dünsten. 100 g Garflüssigkeit sowie restliche Zutaten für die Soße zugeben und **2 Min./Varoma/Stufe 2** erhitzen. Couscous, Gemüse und Soße in einer Schüssel vermengen und servieren.

TIPP: Hierzu schmeckt auch sehr gut panierter Fetakäse in der Pfanne gebraten!

ZUTATEN

60 g	Käse (z.B. Gouda)
200 g	Tofu, in Stücken
200 g	Zucchini, in Stücken
6	Lasagneplatten
150 g	Cocktailtomaten, halbiert
150 g	Crème légère

FÜR DIE SOSSE

1	Knoblauchzehe
400 g	Wasser, lauwarm
100 g	Tomatenmark
1 TL	Thymian, getr.
1 TL	Oregano, getr.
1 TL	Majoran, getr.
1 TL	Paprikapulver, edelsüß
1 TL	Selleriesalz
1 TL	Salz
¼ TL	Pfeffer, gem.
1 TL	Gemüsebrühpulver
1 TL	Zucker
1 Msp.	Muskat, gem.
1 EL	Speisestärke

ZUBEREITUNG

1. Backofen auf 200°C Ober-/Unterhitze (Umluft 180°C) vorheizen. Käse in Stücken in den Mixtopf geben und **5 Sek./Stufe 7** reiben. Umfüllen. Tofu **3 Sek./Stufe 5** zerbröseln. In eine größere Schüssel umfüllen. Zucchini **2 Sek./Stufe 5** zerkleinern und zum Tofu geben.

2. Für die Soße Knoblauch in den Mixtopf geben und **5 Sek./Stufe 5** zerkleinern. Restliche Zutaten für die Soße zugeben und **4 Min./90°C/Stufe 3** erhitzen. Soße mit Tofu und Zucchini vermengen.

3. Die Soße im Wechsel mit den Lasagneplatten in eine Auflaufform schichten. Mit Soße beginnen und abschließen. Zum Schluss Crème légère auf der Lasagne verstreichen, mit halbierten Cocktailtomaten (Schnittfläche nach oben) belegen und mit geriebenem Käse bestreuen. Im vorgeheizten Backofen ca. 30-35 Min. backen.

ZUTATEN

50 g	Käse (z.B. Gouda)
170 g	Tomaten
8	Lasagneblätter
340 g	TK-Rahmspinat, aufgetaut

FÜR DIE SOSSE

1	Knoblauchzehe
3	Schalotten (100 g), halbiert
15 g	Öl
400 g	Wasser, lauwarm
½ TL	Paprikapulver, rosenscharf
1 Msp.	Muskat, gem.
¼ TL	weißer Pfeffer, gem.
10 g	Röstzwiebeln
1 TL	Meersalz
½ TL	Thymian, getr.
1 TL	Gemüsebrühpulver
1 EL	Speisestärke, leicht geh.
1 TL	Paprikamark (oder Tomatenmark)
100 g	Doppelrahmfrischkäse

GEMÜSELASAGNE MIT SPINAT UND TOMATEN

x2

3 Portionen
Pro Portion: 467 kcal
49 g KH | 18 g EW
21 g Fett

Auflaufform:
ca. 20 x 25 cm. 5 cm hoch

ZUBEREITUNG

1. Backofen auf 200°C Ober-/Unterhitze (Umluft 180°C) vorheizen. Käse in Stücken in den Mixtopf geben und **5 Sek./Stufe 7** reiben. Umfüllen. Tomaten in kleine Würfel schneiden.

2. Knoblauch und Schalotten in den Mixtopf geben, **5 Sek./Stufe 5** zerkleinern und mit dem Spatel nach unten schieben. Öl zugeben und **2 Min./120°C/Stufe 1** dünsten. Zutaten für die Soße (außer Frischkäse) zugeben und **3:30 Min./90°C/Stufe 3** erhitzen. Frischkäse zugeben und **10 Sek./Stufe 3** unterrühren.

3. Soße mit aufgetautem, leicht ausgedrücktem Spinat sowie den Tomatenwürfeln vermengen und im Wechsel mit den Lasagneplatten in eine Auflaufform schichten. Mit Soße beginnen und abschließen. Zum Schluss mit geriebenem Käse bestreuen. Im vorgeheizten Backofen ca. 30-35 Min. backen.

GEBACKENER FETA
MIT OFENGEMÜSE

×2

4 Portionen
Pro Portion: 450 kcal
15 g KH | 21 g EW
33 g Fett

ZUTATEN

2 P.	Fetakäse (à 180-200 g)
2 TL	8-Kräuter-Mischung, TK
2 TL	Paniermehl
2 TL	Olivenöl
150 g	Dattel-Tomaten
250 g	Paprika (gelb u. rot)
230 g	Zucchini
100 g	Champignons
1	Zwiebel

FÜR DIE MARINADE

1	Knoblauchzehe
1 kl. Handvoll Basilikumblätter	
1 kl. Handvoll Petersilie	
50 g	getr. Tomaten, in Öl
30 g	Tomatenmark
40 g	Öl
30 g	Wasser
1 TL	ital. Kräuter, getr.
½ TL	Rosmarin, gem.
1 TL	Salz
¼ TL	Pfeffer, gem.

ZUBEREITUNG

1. Backofen auf 220°C Ober-/Unterhitze (Umluft: 200°C) vorheizen.

2. Fetakäse mittig auf ein mit Backpapier belegtes Backblech setzen und mit 8-Kräuter-Mischung und Paniermehl bestreuen. Mit Olivenöl beträufeln. Gemüse in Würfel/Scheiben schneiden und in eine Schüssel geben.

3. Knoblauch, Basilikumblätter, Petersilie und getrocknete Tomaten in den Mixtopf geben und **5 Sek./Stufe 7** zerkleinern. Mit dem Spatel nach unten schieben. Restliche Zutaten für die Marinade zugeben und **10 Sek./Stufe 3** vermengen. Marinade zum Gemüse geben, alles gut vermengen und das Gemüse auf das Backblech geben. Im vorgeheizten Backofen ca. 20 Min. garen.

KARTOFFELGRATIN

4 Portionen
Pro Portion: 539 kcal
40 g KH | 21 g EW
33 g Fett

Auflaufform:
ca. 25 x 30 cm. 5 cm hoch

ZUTATEN

75 g	Emmentaler
75 g	Bergkäse
750 g	Kartoffeln, vorw. festkochend
1	Knoblauchzehe
25 g	Butter
500 g	Milch, 1,5%
150 g	Sahne
½ TL	Muskat, gem.
1 TL	Salz
¼ TL	Pfeffer, gem.
1 EL	Speisestärke
2 EL	Wasser
50 g	Schmelzkäse (Sahnegeschmack)

HINWEIS: Wer es nicht so würzig möchte, ersetzt Bergkäse einfach durch Gouda.

ZUBEREITUNG

1. Backofen auf 200°C Ober-/Unterhitze (Umluft 180°C) vorheizen. Beide Käsesorten in Stücken in den Mixtopf geben und **10 Sek./Stufe 6** reiben. Umfüllen. Kartoffeln schälen und in dünne Scheiben (4 mm) hobeln.

2. Knoblauch in den Mixtopf geben, **5 Sek./Stufe 5** zerkleinern und mit dem Spatel nach unten schieben. Butter zugeben und **2 Min./100°C/Stufe 1** dünsten. Nun die Auflaufform mit der Knoblauchbutter einfetten. Mixtopf nicht spülen! Rest bleibt im Topf. Milch, Sahne, Muskat, Salz und Pfeffer zugeben und **8 Min./90°C/Stufe 3** erhitzen. Kartoffelscheiben zugeben und **8 Min./90°C/ ↺ /Stufe 1 (ohne eingesetzten Messbecher)** kochen. In der Zwischenzeit Speisestärke mit 2 EL Wasser anrühren.

3. Zum Schluss Speisestärkegemisch und Schmelzkäse zugeben und noch einmal **2 Min./90°C/ ↺ /Stufe 1** erhitzen. Kartoffelmasse in die Auflaufform geben, glatt streichen und mit geriebenem Käse bestreuen. Im Backofen ca. 35 Min. backen.

SPAGHETTI TRICOLORE

4 Portionen ×2
Pro Portion: 453 kcal
54 g KH | 18 g EW
16 g Fett

ZUTATEN

250 g	Spaghetti
140 g	Erbsen, TK
125 g	Mozzarellabällchen
etwas	frische Basilikumblätter

FÜR DIE SOSSE

1 kl.	Zwiebel (50 g)
1	Knoblauchzehe
2 EL	Öl
1 TL	Thymian, getr.
1 TL	Oregano, getr.
15 g	Weißweinessig
25 g	Wasser, lauwarm
50 g	Sahne
1 Dose	Kirschtomaten (400 g)
1 TL	Salz
¼ TL	Pfeffer, gem.
1 TL	Zucker
1 TL	Paprikapulver, rosenscharf
etwas	Basilikumblätter, grob gehackt

ZUBEREITUNG

1. Für die Spaghetti einen Topf mit 1 L Wasser und etwas Salz zum Kochen bringen. Mozzarellabällchen halbieren.

2. Für die Soße Zwiebel und Knoblauch in den Mixtopf geben und **5 Sek./Stufe 5** zerkleinern. Mit dem Spatel nach unten schieben. Öl zugeben und **3 Min./120°C/Stufe 1** dünsten. Erbsen, sowie restliche Zutaten für die Soße zugeben und **10 Min./100°C/ ↺ /Stufe 1** garen. In der Zwischenzeit Spaghetti al dente kochen.

3. Nun die Mozzarellabällchen zur Soße geben, mit dem Spatel unterheben und kurz ziehen lassen. Spaghetti mit der Soße und frischen Basilikum bestreut servieren.

MAC & CHEESE AUS DEM OFEN

ZUTATEN

70 g	Gouda
500 g	Hörnchennudeln o. kurze Makkaroni

FÜR DIE SOSSE

140 g	Cheddarkäse
60 g	Parmesan
40 g	Butter
40 g	Mehl
200 g	Sahne
350 g	Milch, 1,5%
¼ TL	Paprikapulver, edelsüß
¼ TL	Muskat, gem.
1 TL	Salz
1 TL	Gemüsebrühpulver
¼ TL	Pfeffer, gem.
70 g	Doppelrahmfrischkäse

6 Portionen
Pro Portion: 571 kcal
39 g KH | 21 g EW
36 g Fett

Auflaufform:
oval 30 cm, 6 cm hoch

ZUBEREITUNG

1. Backofen auf 220°C Ober-/Unterhitze (Umluft 200°C) vorheizen.
Gouda in Stücken in den Mixtopf geben und **5 Sek./Stufe 7** reiben. Umfüllen.
Nudeln in reichlich Salzwasser al dente kochen.

2. Für die Soße Cheddar und Parmesan in Stücken in den Mixtopf geben, **7 Sek./Stufe 7** zerkleinern. In eine größere Schüssel umfüllen.
Butter in den Mixtopf geben und **2 Min./100°C/Stufe 1** schmelzen. Mehl zugeben und erneut **2 Min./100°C/Stufe 1** rühren. Sahne, Milch und Gewürze zugeben und **5 Min./80°C/Stufe 3** erhitzen. Frischkäse zugeben und **10 Sek./Stufe 4** unterrühren.

3. Gekochte Nudeln absieben und zusammen mit der Soße aus dem Mixtopf zur Cheddar-Parmesan-Mischung in die Schüssel geben. Gut vermengen und in eine Auflaufform füllen. Mit geriebenem Gouda bestreuen und im vorgeheizten Backofen ca. 10-15 Min. gratinieren.

GEMÜSE-BOLOGNESE

4 Portionen
Pro Portion: 453 kcal
54 g KH | 18 g EW
16 g Fett

MIT VIEL FRISCHEM GEMÜSE!

ZUTATEN

500 g	Spaghetti

FÜR DIE SOSSE

1 kl.	Zwiebel (50 g)
2	Knoblauchzehen
1 Handvoll Petersilie	
100 g	Lauch
160 g	Karotten
80 g	Knollensellerie o. Petersilienwurzel
25 g	Olivenöl
400 g	Tomaten
100 g	Tomatenmark
60 g	Wasser, lauwarm
40 g	Rotwein, trocken*
1 EL	Balsamicoessig, dunkel
1 TL	Zucker
¼ TL	Rosmarin, gem.
1 TL	Gemüsebrühpulver
1 TL	Salz
je 1 TL	Majoran, Oregano, Basilikum gerebelt
1 Msp.	Zimt

**alternativ 1 EL Balsamicoessig mit 30 g Wasser gemischt*

ZUBEREITUNG

1. Für die Soße Zwiebel und Knoblauch **5 Sek./Stufe 5** zerkleinern. Petersilie, Lauch, Karotten und Knollensellerie in Stücken zugeben und **5 Sek./Stufe 5** zerkleinern. Öl zugeben und **5 Min./120°C/ ⟲ /Stufe 1** dünsten. In der Zwischenzeit Tomaten in Würfel schneiden.

2. Tomatenwürfel sowie restliche Zutaten für die Soße zugeben und **15 Min./100°C/ ⟲ /Stufe 1** garen. In der Zwischenzeit Spaghetti in reichlich Salzwasser al dente kochen. Spaghetti mit der Bolognese servieren.

TIPP: Servieren Sie dazu frisch geriebenen Parmesan. Auch gegarte Linsen können unter die Bolognese gemischt werden, z.B. rote Linsen oder Belugalinsen.

SPAGHETTI MIT RAHMSPINAT

ZUTATEN

250 g	Spaghetti
30 g	Parmesan

FÜR DIE SOSSE

1	kl. Zwiebel (50 g)
2	Knoblauchzehen
1 EL	Öl
250 g	junger Spinat, fein gehackt (TK, z.B. von Iglo)
50 g	Wasser, lauwarm
½ TL	Salz
¼ TL	Pfeffer, gem.
1 TL	Gemüsebrühpulver
¼ TL	Muskat, gem.
100 g	Sahne
30 g	Mascarpone

3 Portionen
Pro Portion: 519 kcal
63 g KH | 18 g EW
21 g Fett

ZUBEREITUNG

1. Spaghetti in reichlich Salzwasser al dente kochen. Parmesan in den Mixtopf geben und **6 Sek./Stufe 8** reiben. Umfüllen.

2. Für die Soße Zwiebel und Knoblauch **5 Sek./Stufe 5** zerkleinern. Mit dem Spatel nach unten schieben. Öl zugeben und **3 Min./120°C/Stufe 1** dünsten. TK-Spinat, Wasser und Gewürze zugeben und **3-4 Min./100°C/Stufe 1** garen.

3. Sahne und Mascarpone zugeben und noch einmal **2 Min./90°C/Stufe 2** erhitzen. Spaghetti mit der Soße und geriebenem Parmesan vermengt servieren.

TIPP: Je nach Saison können Sie auch frischen Spinat verwenden. Hierzu 150-180 g Blattspinat zusammen mit Zwiebel und Knoblauch zerkleinern und mit andünsten.

GRIECHISCHE KRITHARAKI-PFANNE

4 Portionen
Pro Portion: 453 kcal
54 g KH | 18 g EW
16 g Fett

ZUTATEN

2	Knoblauchzehen
1 Handvoll	Rosmarinnadeln
400 g	Wasser, lauwarm
400 g	passierte Tomaten
1 TL	Paprikapulver, edelsüß
1 TL	Salz
½ TL	Pfeffer, gem.
1 TL	Gemüsebrühpulver
1 TL	Oregano, gerebelt
1	mittelgr. Zucchini
1	orange Paprika
150 g	Kritharakinudeln (griechische Reisnudeln, Garzeit 14-16 Min.)
etwas	Olivenöl zum Anbraten
150 g	Fetakäse, in Würfel geschnitten
3-4	Peperoni (mild o. scharf)
etwas	Petersilie, grob gehackt

ZUBEREITUNG

1. Knoblauch und Rosmarinnadeln **5 Sek./Stufe 8** zerkleinern. Wasser, passierte Tomaten und Gewürze zugeben und **6 Min./100°C/Stufe 1** aufkochen. In der Zwischenzeit Zucchini und Paprika in mundgerechte Stücke schneiden.

2. Reisnudeln zur Soße in den Mixtopf geben und **15 Min./100°C/ ↺ /Stufe 1** garen. In der Zwischenzeit Zucchini und Paprikastücke in einer Pfanne mit etwas Olivenöl anbraten.

3. Reisnudeln und Soße aus dem Mixtopf mit in die Pfanne geben und vermengen. Fetawürfel, Peperoni und Petersilie darüberstreuen.

TIPP: Wer möchte, kann auch noch Oliven darunter mischen.

NUDEL-BROKKOLI-AUFLAUF

Auflaufform:
oval 30 cm, 6 cm hoch

×2

3 Portionen
Pro Portion: 571 kcal
39 g KH | 21 g EW
36 g Fett

ZUTATEN

100 g	Gouda
250 g	Nudeln (6 Min. Kochzeit)
175 g	kl. Brokkoliröschen

FÜR DIE SOSSE

1	Knoblauchzehe
1 TL	Röstzwiebeln
425 g	Milch, 1,5%
150 g	Sahne
50 g	Schmelzkäse (Sahnegeschmack)
100 g	Wasser, lauwarm
1 EL	Speisestärke, gehäuft
¼ TL	weißer Pfeffer, gem.
¼ TL	Muskat, gem.
1 TL	Gemüsebrühpulver
1 TL	Salz

ZUBEREITUNG

1. Backofen auf 200°C Ober-/Unterhitze (Umluft 180°C) vorheizen. Gouda in Stücken in den Mixtopf geben und **7 Sek./Stufe 7** reiben. Umfüllen. Ungekochte Nudeln in eine Auflaufform geben und Brokkoliröschen untermischen.

2. Für die Soße Knoblauch und Röstzwiebeln in den Mixtopf geben, **6 Sek./Stufe 6** zerkleinern. Restliche Zutaten für die Soße zugeben und **6 Min./90°C/Stufe 3** erhitzen.

3. Soße über den Auflauf gießen, mit geriebenem Gouda bestreuen und im vorgeheizten Backofen ca. 30-35 Min. gratinieren.

TIPP: Mit dieser Soßenbasis können Sie auch einen reinen Brokkoli- oder Blumenkohlauflauf zubereiten. Hierzu verwenden Sie 400-500 g vom jeweiligen Gemüse.

HÜTTEN-SCHUPFNUDELN

3 Portionen
Pro Portion: 483 kcal
59 g KH | 15 g EW
20 g Fett

ZUTATEN

60 g	Gouda o. Bergkäse
200 g	Champignons
500 g	Schupfnudeln (Kühltheke)
400 g	Wasser, lauwarm
1 EL	Gemüsebrühpulver
etwas	Petersilie, frisch gehackt

FÜR DIE SOSSE

1	Knoblauchzehe
1	Zwiebel, halbiert (80 g)
1 EL	Röstzwiebeln
1 EL	Öl
130 g	Milch, 1,5%
80 g	Doppelrahmfrischkäse
1 TL	Salz
¼ TL	Pfeffer, gem.
1 Msp.	Muskat, gem.
½ TL	Gemüsebrühpulver

ZUBEREITUNG

1. Gouda in Stücken in den Mixtopf geben und **5 Sek./Stufe 7** reiben. Umfüllen. Champignons in Scheiben schneiden, mit den Schupfnudeln vermengen und im Varoma und Einlegeboden verteilen. Darauf achten, dass unten im Varoma in der Mitte ausreichend Schlitze frei sind. Wasser und Gemüsebrühpulver in den Mixtopf geben, Varoma aufsetzen und das Ganze **18 Min./Varoma/Stufe 1** garen.

2. Varoma abnehmen und beiseite stellen (nicht öffnen, damit das Essen warm bleibt). Mixtopf leeren. Knoblauch, Zwiebel und Röstzwiebeln **5 Sek./Stufe 5** zerkleinern. Mit dem Spatel nach unten schieben. Öl zugeben und **2 Min./120°C/Stufe 1** dünsten.

3. Geriebenen Käse sowie restliche Zutaten für die Soße zugeben und **4 Min./90°C/Stufe 2,5** erhitzen. Soße mit Schupfnudeln und Pilzen vermengen, kurz ziehen lassen und servieren. Wer möchte, kann vor dem Servieren noch etwas Rötzwiebeln und gehackte Petersilie darüber streuen.

ZUTATEN

100 g	Gouda
12	Cannelloni (125 g)

FÜR DIE FÜLLUNG

1	Knoblauchzehe
1	Zwiebel, halbiert
1 EL	Öl
50 g	Walnusskerne
300 g	junger Spinat, fein gehackt (TK, z.B. von Iglo)
250 g	Ricotta
1 TL	Gemüsebrühpulver
½ TL	Salz
½ TL	Pfeffer, gem.
¼ TL	Muskat, gem.

FÜR DIE SOSSE

30 g	Butter
30 g	Mehl
400 g	Milch, 1,5%
50 g	Gorgonzola, in Stücken
1 TL	Gemüsebrühpulver
½ TL	Salz
¼ TL	Pfeffer, gem.
¼ TL	Muskat, gem.

SPINAT-CANNELLONI

MIT RICOTTA UND WALNÜSSEN

Auflaufform:
ca. 20 x 25 cm. 5 cm hoch

4 Portionen
Pro Portion: 623 kcal
41 g KH | 25 g EW
39 g Fett

ZUBEREITUNG

1. Backofen auf 200°C Ober-/Unterhitze (Umluft 180°C) vorheizen. Gouda in Stücken in den Mixtopf geben und **7 Sek./Stufe 7** reiben. Umfüllen.

2. Für die Füllung Knoblauch und Zwiebeln in den Mixtopf geben, **5 Sek./Stufe 5** zerkleinern. Mit dem Spatel nach unten schieben. Öl zugeben und **2 Min./120°C/Stufe 1** dünsten. Walnusskerne zugeben und **7 Sek./Stufe 5** zerkleinern. Spinat zugeben und **7 Min./100°C/Stufe 1** erhitzen. Ricotta und Gewürze zugeben und **5 Sek./Stufe 5** vermengen. Füllung in die Cannelloni geben und in eine Auflaufform legen. Mixtopf spülen.

3. Für die Soße Butter in den Mixtopf geben und **3 Min./100°C/Stufe 2** schmelzen. Mehl zugeben und erneut **2 Min./100°C/Stufe 1** anschwitzen. Milch, Gorgonzola und Gewürze zugeben und **6 Min./80°C/Stufe 3** erhitzen. Soße über die Cannelloni gießen, mit geriebenem Gouda bestreuen und im vorgeheizten Backofen ca. 30 Min. gratinieren.

SENF-EIER MIT KARTOFFELN

2 Portionen
Pro Portion: 554 kcal
49 g KH | 22 g EW
29 g Fett

ZUTATEN

500 g	Wasser, lauwarm
5-6	Kartoffeln, vorw. festk. (400-450 g)
4	Eier
etwas	Schnittlauch, frisch

FÜR DIE SOSSE

150 g	Wasser, lauwarm
1 TL	Gemüsebrühpulver
120 g	Milch, 1,5%
50 g	Sahne
2 EL	Speisestärke, gestrichen
40 g	Senf, mittelscharf
¼ TL	Pfeffer, gem.
¼ TL	Salz
¼ TL	Kurkuma
1 Prise	Muskat, gem.
¼ TL	Zucker
20 g	Butter

SOSSE KANN VERDOPPELT WERDEN!

ZUBEREITUNG

1. Wasser in den Mixtopf geben. Kartoffeln schälen und je nach Größe halbieren oder vierteln. In den Varoma geben, aufsetzen und **12 Min./Varoma/Stufe 1** garen.

2. Nach Garzeitende Varoma abnehmen und Gareinsatz mit den Eiern einsetzen. Varoma wieder aufsetzen und weitere **13 Min./Varoma/Stufe 1** dünsten (Sollten die Eier nicht aus der Kühlung kommen, nur 12 Min. garen!).

3. Varoma beiseitestellen. Eier abschrecken. Garflüssigkeit weggießen. Zutaten für die Soße in den Mixtopf geben und und **4 Min./80°C/Stufe 3** erhitzen. Eier schälen, halbieren und mit Salz und Pfeffer würzen. Zusammen mit Kartoffeln und Soße auf Tellern anrichten und mit Schnittlauchröllchen bestreut servieren.

HINWEIS: Sie können bis zu 6 Eier in den Gareinsatz geben und auch eine größere Menge Kartoffeln im Varoma garen.

ZUTATEN

½	Zwiebel (25 g)
1	Knoblauchzehe
1 EL	Öl
400 g	stückige Tomaten
1 TL	ital. Kräuter, getr.
1 TL	Salz
¼ TL	Pfeffer, gem.
½ TL	Rosmarinpulver
½ TL	Paprika, rosenscharf
1 TL	Gemüsebrühpulver
40 g	Sojagranulat
100 g	Wasser, lauwarm
500 g	Kartoffel-Gnocchi (Kühlregal)
60 g	getrocknete Tomatenstreifen, in Öl eingelegt
1 gr. Handvoll Rucola	
etwas	Parmesan

GNOCCHI "ITALIA"

4 Portionen
Pro Portion: 295 kcal
47 g KH | 12 g EW
6 g Fett

ZUBEREITUNG

1. Zwiebel und Knoblauch in den Mixtopf geben, **5 Sek./Stufe 5** zerkleinern. Mit dem Spatel nach unten schieben. Öl zugeben und **2 Min./120°C/Stufe 1** dünsten. Stückige Tomaten und Gewürze zugeben und **5 Min./100°C/Stufe 2** erhitzen. Sojagranulat und Wasser zugeben und **4 Min./90°C/Stufe 1** erhitzen.

2. In der Zwischenzeit Gnocchi in einer Pfanne mit etwas Öl anbraten.

3. Getrocknete Tomatenstreifen (abgetropft) mit in den Mixtopf geben und mit dem Spatel unterrühren. Soße zu den Gnocchi geben und vermengen. Zum Schluss Rucola unterheben und auf Tellern anrichten. Mit frisch geriebenem Parmesan bestreut servieren.

HINWEIS: Wer kein Soja verwenden möchte, lässt es einfach weg und reduziert die Wassermenge auf 50 g.

AUBERGINEN-ZUCCHINI MOUSSAKA

Auflaufform:
ca. 20 x 25 cm. 5 cm hoch

4 Portionen
Pro Portion: 335 kcal
32 g KH | 14 g EW
16 g Fett

LECKER MIT KARTOFFELN!

ZUTATEN

250 g	Zucchini
200 g	Aubergine
450 g	Kartoffeln, vorw. festk.
180 g	Fetakäse light, (z.B. Salakis)
etwas	Petersilie

FÜR DIE SOSSE

1	kl. Zwiebel, halbiert (40-50 g)
1	Knoblauchzehe
1 EL	Olivenöl
500 g	Wasser, lauwarm
50 g	Tomatenmark
1 TL	Gemüsebrühpulver
1 TL	Selleriesalz
1 TL	Zucker
1 TL	Salz
½ TL	Zimt
½ TL	Oregano, getr.
½ TL	Bohnenkraut, getr.
etwas	Pfeffer, frisch gem.
100 g	Sahne
2 EL	Speisestärke mit 2 EL Wasser verrührt

ZUBEREITUNG

1. Zucchini, Aubergine und Kartoffeln in dünne Scheiben hobeln (ca. 4 mm dick). Zucchini- und Auberginenscheiben nacheinander in einer Pfanne mit heißem Öl anbraten und in eine Auflaufform geben.

2. Für die Soße Zwiebel und Knoblauch in den Mixtopf geben und **5 Sek./Stufe 5** zerkleinern. Mit dem Spatel nach unten schieben. Öl zugeben und **3 Min./120°C/Stufe 1** dünsten. Wasser, Tomatenmark und Gewürze zugeben und **6 Min./100°C/Stufe 1** kochen. Backofen auf 200°C Ober-/Unterhitze (Umluft 180°C) vorheizen.

3. Kartoffelscheiben und Sahne zugeben und **7 Min./100°C/ ↺ /Stufe 1** kochen, dabei in der letzten Minute das Speisestärkegemisch zugießen. Kartoffelmasse auf das Gemüse in die Form geben und glatt streichen. Fetakäse darüber bröseln und im vorgeheizten Backofen ca. 35 Min. garen. Vor dem Servieren mit frisch gehackter Petersilie bestreuen.

3 Portionen
Pro Portion: 571 kcal
39 g KH | 21 g EW
36 g Fett

Auflaufform:
ca. 17 x 23 cm. 5 cm hoch

ZUTATEN

450 g	Kartoffeln, vorw. festk.
1	kl. Zucchini (130 g)
1	gelbe Paprika
1	Tomate
80 g	Gouda, in Stücken
2 EL	Semmelbrösel
1 EL	Olivenöl zum Beträufeln

FÜR DIE SOSSE

1	Knoblauchzehe
2-3	Schalotten (50 g)
50 g	getr. Tomaten, in Öl
10 g	Olivenöl
250 g	Wasser, lauwarm
100 g	Sahne
je 1 TL	Salz, Oregano, Thymian, Bohnenkraut, getr.
½ TL	Rosmarinpulver
¼ TL	Muskat, gem.
etwas	Pfeffer, frisch gem.
40 g	Tomatenmark

ZUBEREITUNG

1. Kartoffeln schälen und in dünne Scheiben (ca. 4 mm dick) hobeln. Zucchini und Paprika würfeln. Gouda in Stücken in den Mixtopf geben und **6 Sek./Stufe 7** reiben. Umfüllen.

2. Für die Soße Knoblauch, Schalotten und getrocknete Tomaten in den Mixtopf geben, **10 Sek./Stufe 6** zerkleinern. Mit dem Spatel nach unten schieben. Öl zugeben und **3 Min./120°C/Stufe 1** dünsten. Wasser, Sahne und Gewürze zugeben. Kartoffelscheiben, Paprika- und Zucchiniwürfel zugeben und das Ganze **10 Min./90°C/ ⟲ /Stufe 1** garen. In der Zwischenzeit Tomate in Scheiben schneiden und Backofen auf 200°C Ober-/Unterhitze (Umluft 180°C) vorheizen.

3. Nach Garzeitende Tomatenmark zugeben und **1 Min./90°C/ ⟲ /Stufe 1** unterrühren. Masse in eine Auflaufform füllen und mit Tomatenscheiben belegen. Mit geriebenem Käse bestreuen. Zum Schluss Semmelbrösel darüber streuen und das Ganze mit etwas Olivenöl beträufeln. Im Backofen ca. 50 Min. backen.

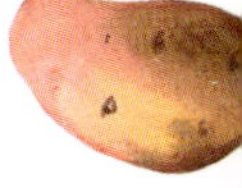

THAI-KOKOS-SUPPE MIT NUDELN

6 Teller
Pro Portion: 214 kcal
16 g KH | 4 g EW
14 g Fett

ZUTATEN

1	rote Chilischote, entkernt
1 Stück	Ingwer, geschält (5 g)
15 g	Erdnussöl
½	rote Paprika
½	gelbe Paprika
60 g	kl. Brokkoliröschen
1 Dose	Kokosmilch (400 g)
500 g	Wasser, lauwarm
2 TL	Gemüsebrühpulver
1 TL	grüne Currypaste
1 TL	Zitronengras (in feine Ringe geschnitten o. gefriergetrocknet)
1 TL	Limettensaft
1 TL	Sojasauce
¼ TL	Salz
100 g	Mini-Nudeln (10 Min. Garzeit)

ZUBEREITUNG

1. Chili und Ingwer im Mixtopf **6 Sek./Stufe 7** zerkleinern. Mit dem Spatel nach unten schieben. Öl zugeben und **2 Min./120°C/Stufe 1** dünsten. Paprika in kleine Würfel oder Streifen schneiden. Brokkoliröschen ggf. noch einmal teilen. Sie sollten sehr klein sein.

2. Gemüse und restliche Zutaten (außer Nudeln) zugeben und **7 Min./100°C/ ⟲ /Stufe 1** erhitzen. Nudeln zugeben und weitere **10 Min./100°C/ ⟲ /Stufe 1** erhitzen. Fertig!

HINWEIS: Wenn Sie Nudeln mit geringerer Garzeit verwenden, können Sie die 10 Min. Garzeit auf die entsprechende Garzeit der Nudeln verkürzen.

ZUTATEN

2	Karotten, in Stücken (à ca. 80 g)
70 g	Erbsen, TK
50 g	Knollensellerie, in Stücken
60 g	Lauch, in Stücken
1 Handvoll Petersilie	
20 g	Öl
1.000 g	Wasser, lauwarm
1-2 TL	Sojasauce
1 ½ TL	Salz
½ TL	Pfeffer, gem.
¼ TL	Kurkuma
1 EL	Gemüsebrühpulver
100 g	Fadennudeln (4 Min. Kochzeit)

6 Teller
Pro Portion: 120 kcal
16 g KH | 4 g EW
4 g Fett

ZUBEREITUNG

1. Eine Karotte in den Mixtopf geben, **3 Sek./Stufe 5** zerkleinern und in den Gareinsatz umfüllen. Erbsen ebenso in den Gareinsatz geben und beiseitestellen.

2. Zweite Karotte, Knollensellerie, Lauch und Petersilie in den Mixtopf geben und **5 Sek./Stufe 6** zerkleinern. Mit dem Spatel nach unten schieben. Öl zugeben und **4 Min./120°C/Stufe 1** dünsten. Wasser, Sojasauce und Gewürze zugeben. Gareinsatz einsetzen und das Ganze **15 Min./Varoma/Stufe 1** garen.

3. Gareinsatz herausnehmen und Garflüssigkeit **10 Sek./Stufe 8** pürieren. Erbsen und Karottenstücke aus dem Gareinsatz in den Mixtopf geben, Fadennudeln zugeben und die Suppe **4 Min./100°C/ ↺ /Stufe 1** fertig garen.

SÜSSKARTOFFEL-GEMÜSETOPF

4 Portionen
Pro Portion: 340 kcal
29 g KH | 5 g EW
22 g Fett

ZUTATEN

2	rote Zwiebeln (150 g)
400 g	Süßkartoffeln
175 g	Knollensellerie
100 g	Karotten
1	Knoblauchzehe
20 g	Öl
1 Dose	Kokosmilch, cremig (400 g)
70 g	Wasser, lauwarm
2 TL	Limettensaft
1 Handvoll	Petersilie
2 TL	Currypulver
¼ TL	Paprikapulver, edelsüß
2 TL	Gemüsebrühpulver
10 g	Tomatenmark
2 TL	Salz
½ TL	Pfeffer, gem.

ZUBEREITUNG

1. Zwiebeln, Süßkartoffeln, Knollensellerie und Karotten in Würfel (2 x 2 cm) schneiden.
2. Knoblauch in den Mixtopf geben und **5 Sek./Stufe 6** zerkleinern. Gemüsewürfel und Öl zugeben und **5 Min./120°C/ ↺ /Stufe 1** dünsten.
3. Restliche Zutaten zugeben und das Ganze **13-15 Min./100°C/ ↺ /Stufe 1** fertig garen.

TIPP: Zum Würfeln von Gemüse eignet sich sehr gut solch ein Gemüseschneider.

ZUTATEN

500 g	Gemüse, gemischt (Brokkoli, Karotte, rote Paprika & Kaiserschoten)
50 g	Erdnüsse
180 g	Langkornreis, parboiled
1 TL	Gemüsebrühpulver
1.200 g	Wasser, lauwarm (TM31: 1.000 g)

FÜR DIE SOSSE

1	Knoblauchzehe
etwas	frischen Koriander
170 g	Kokosmilch, cremig
½ TL	Ingwer, gem.
1 TL	Currypulver
½ TL	Paprikapulver, rosenscharf
1 TL	Gemüsebrühpulver
½ TL	Salz
1 TL	Sojasauce
1 Spritzer	Limettensaft
1 EL	Speisestärke

GEMÜSECURRY MIT KOKOS

3 Portionen
Pro Portion: 507 kcal
64 g KH | 15 g EW
19 g Fett

ZUBEREITUNG

1. Gemüse klein schneiden und in den Varoma und Einlegeboden geben. Erdnüsse darüber streuen. Reis in den Gareinsatz geben. Gemüsebrühpulver darauf geben und mit Wasser übergießen. Varoma aufsetzen und das Ganze **22 Min./Varoma/Stufe 1** garen.

2. Nach Ende der Garzeit Varoma und Reis warm halten. Mixtopf leeren, Garflüssigkeit weggießen. Für die Soße Knoblauch und Koriander in den Mixtopf geben und **5 Sek./Stufe 5** zerkleinern. Restliche Zutaten für die Soße zugeben und **3 Min./90°C/Stufe 3** erhitzen.

3. Soße mit Gemüse und Reis servieren.

VEGETARISCHE "HACK"-BÄLLCHEN

ZUTATEN

40 g	Cashewkerne
1	Zwiebel
1	Knoblauchzehe
1 EL	Öl
1 P.	Räuchertofu (250 g)
2	Eier
1 TL	Majoran, gerebelt
¼ TL	Pfeffer, gem.
1 Handvoll Petersilie	
1 TL	Sojasauce
40 g	Speisestärke
1 TL	Röstzwiebeln
1 EL	Semmelbrösel*
etwas	Öl zum Anbraten

** Für eine glutenfreie Variante verwenden Sie statt Semmelbrösel einfach etwas mehr Speisestärke*

4 Portionen
Pro Portion: 303 kcal
17 g KH | 17 g EW
18 g Fett

ZUBEREITUNG

1. Cashewkerne im Mixtopf **5 Sek./Stufe 8** mahlen. Umfüllen. Zwiebel und Knoblauch in den Mixtopf geben und **5 Sek./Stufe 5** zerkleinern. Mit dem Spatel nach unten schieben. Öl zugeben und **3 Min./120°C/Stufe 1** dünsten. Räuchertofu in Stücken zugeben und **5 Sek./Stufe 5** zerkleinern.

2. Gemahlene Cashewkerne und restliche Zutaten zugeben und **10-15 Sek./Stufe 4** vermengen. Aus dem Teig Bällchen formen und in einer Pfanne mit Öl anbraten.

TIPP: Die "Hack"-Bällchen können als Basis für verschiedene Rezepte verwendet werden wie z.B. für Köttbullar. Auch Frikadellen können aus dem Teig hergestellt werden. Wer möchte, kann noch etwas Senf mit in den Teig geben.

Hierzu passt auch gut die Pilzsoße von Seite 34. Auch lecker zu Kartoffelbrei.

ZUCCHINI-CHEESE-NUGGETS

FÜR DIE NUGGETS

70 g	Parmesan
1	Knoblauchzehe
3	mittelgr. Zucchini (à ca. 200 g)
2 TL	Salz
1	Ei
1 EL	ital. Kräuter, getr.
¼ TL	Pfeffer, gem.
45 g	Speisestärke
60 g	Paniermehl
etwas	Öl zum Anbraten

FÜR DEN DIP

1 Knoblauchzehe
1 Handvoll Petersilie
3 Tomaten (350 g)
50 g Tomatenmark
1 TL Zucker
1 TL Salz
½ TL Pfeffer, gem.
1 TL ital. Kräuter, getr.
1 EL Speisestärke

4 Portionen
Pro Portion: 298 kcal
35 g KH | 15 g EW
10 g Fett

ZUBEREITUNG

1. Parmesan in Stücken in den Mixtopf geben und **10 Sek./Stufe 10** reiben. Umfüllen. Knoblauch und Zucchini in Stücken im Mixtopf **5 Sek./Stufe 5** zerkleinern. Zucchinimasse auf ein sauberes Geschirrtuch geben und die Flüssigkeit ausdrücken. Wieder in den Mixtopf geben. Es sollten 450 g Masse sein.

2. Parmesan und restliche Zutaten zugeben und **10 Sek./Stufe 5** verrühren. Reste mit dem Spatel vermengen. Aus dem Teig ca 20 kleine Nuggets formen und in einer Pfanne mit etwas Öl von beiden Seiten anbraten. Fertig!

3. Für den Dip Knoblauch und Petersilie im Mixtopf **5 Sek./Stufe 6** zerkleinern. Tomaten in Stücken zugeben und **5 Sek./Stufe 5** zerkleinern. Restliche Zutaten zugeben und **5 Min./90°C/Stufe 3** aufkochen. Abkühlen lassen und zu den Nuggets servieren.

WALDPILZ-WÜRZMISCHUNG

ZUTATEN

20 g	getrocknete Pfifferlinge
20 g	getrocknete Steinpilze
25 g	getrocknete Tomaten, ohne Öl (Softtomaten)
1 EL	Salz
½ TL	Pfeffer, gem.
je 1 TL	Thymian, Oregano, granulierte Zwiebeln und Selleriesalz
¼ TL	Rosmarinpulver
50 g	Speisestärke

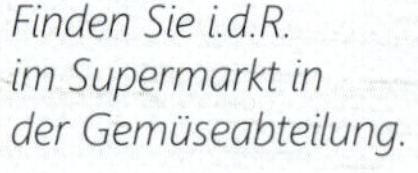

Finden Sie i.d.R. im Supermarkt in der Gemüseabteilung.

ZUBEREITUNG

Alle Zutaten für die Würzmischung (außer Speisestärke) in den Mixtopf geben und **15 Sek./Stufe 10** zerkleinern.
Speisestärke zugeben und **5 Sek./Stufe 5** mischen.

Ergibt 15 EL Würzmischung.

PILZSOSSE Z.B. ZU PASTA

SO GEHT'S

Aus der Würzmischung lässt sich eine tolle Pilzsoße zubereiten. Einfach 3-5 Champignons in Scheiben schneiden und in etwas Öl anbraten. 100 g Wasser und 100 g Sahne zugießen und 2 EL Würzmischung einrühren. Das Ganze 3-4 Min. köcheln lassen.

Mit 250 g Pasta nach Wahl servieren. Sie können statt Sahne auch Mascarpone verwenden und die Pasta noch mit Parmesan verfeinern.

Hält sich gut verschlossen und dunkel gelagert ca. 3-4 Monate